AF276180

NI RAPERO, NI POETA

NI RAPERO, NI POETA

DARÍO RODRÍGUEZ ESCRIBANO

Número 525 de la Colección VALPARAÍSO DE POESÍA
dirigida por FEDERICO DÍAZ-GRANADOS

Diseño de colección y portada: Chari Nogales
Maquetación: Carlos Henson

Primera edición: diciembre de 2025

© De los poemas: Darío Rodríguez Escribano
© Diseño de portada: Álvaro Sánchez de Castro Muriel

© Valparaíso Ediciones
C/ Fray Leopoldo, 7 bajo, 18014 Granada
www.valparaisoediciones.es

ISBN: 979-13-87538-92-7
Depósito Legal: GR 1746-2025

Impreso en España - *Printed in Spain*
Gráficas Gami

NI RAPERO, NI POETA

*Mas allá de las medallas mi batalla es
la búsqueda infinita del poeta y la palabra,
que sabe que escribir es una rosa con espinas,
a veces da placer y a veces te quita la vida.*
SHARIF EL INCREÍBLE

RECETA PERSONAL

El fondo y alimento principal de nuestro plato se basará en realidad, esta debe servirse cruda, ya que de esta forma apreciaremos su sabor natural, sin edulcorantes artificiales de intereses morales ni adaptaciones contemporáneas.

Seguiremos con amargas esferificaciones de reflexión propia que emergen de las olas espesas del carpaccio de realidad que preparamos anteriormente.

Sazonaremos nuestro plato con hierbas del recuerdo, un fino rastro de confitura de inquietudes y otras especias de experiencia, logrando así conseguir ese toque personal y casero.

Finalizaremos la obra adornándola con gotas de reducción de amor sincero, las cuales aportarán ese toque dulce al alma, proporcionando ese final feliz que habitualmente suele buscar el comensal y lector por igual.

La obra será servida en una humilde vajilla escultórica, preparada con las mismas manos del autor, junto a parte de su alma, de su pasión y dolor.

SERÁ ÉPICO

Reluce alguna viruta de oro,
aunque me encuentre en este escenario lleno de lodo,
aunque quede un arduo camino para llegar al fondo
y conseguir la llave que imploro.

Para llevar esta rima de la nada al todo,
para que sea épico una vez caiga el telón,
por alzar el vuelo como esos pájaros
y llegar así a cualquier balcón.

Versos viajando dejan a su paso una larga estela,
quiero llenar con estas rimas sus pechos y cabezas,
marcar mi barrio en el mapa y borrar algunas pobrezas.

Destruir pilares de tendencia,
tomar acciones de regencia
y decorar con mi alma plazas e iglesias.

SEDUCTORA EN LA NOCHE
MÁS OSCURA

¿Cómo y cuándo llegará?
Si por real
mis pies anclados al asfalto
no me dejan despegar.

No quiero entrar en el círculo,
pero sí de su jugo alimentarme si plazco,
llegar entre montañas y mares
a manos de cualquiera.

Y ojalá colarme por sus ojos,
y ojalá revolucionar sus corazones.

Añoro un Edén para mi destino,
pero trágico y amargo el presentimiento,
me preparo para el asalto del crono.

Buscador insaciable de rimas,
explorador de las runas del sentimiento,
catacumbas que esconden cementerios de deseos.

LA LIBERACIÓN DE LA LUZ

El faro con sus rayos
no despeja la penumbra de la noche.
Mis cimientos se muestran transparentes
como demostré en *la realidad de mi mente*.
Ese vacío y suspiros me hicieron algo elocuente.
El bienestar ha aumentado,
sin embargo, de las cadenas no nos libramos.
Elevadas vallas adornadas con alambre
y la ruina acechando sigilosamente.
¿Qué quieres de mí exactamente?
No me seduzcas con exquisitos y efímeros manjares
cuando planeas hacer polvo con mis dientes.
Triste yo y tristes mis momentos.
Epitafio que se convierte en reproche
y ponche de lamento.

EL ETERNO RETORNO DE JOSÉ

Una espiral sin origen,
sin un final conocido.
Carreras que agotan
en un maratón infinito.
Sigo andando,
manteniendo un ritmo tranquilo.
No quiero detenerme
y las pausas aún tejen mi día.
Sigo en el sendero
sin ganas de deshacerme de este peso.
Sigo, aunque estas botas opriman mis pies,
aunque sostenga estas penas
en los hombros.
Aunque a veces pierda la fe en mí,
en la vida
y en los hombres.
Momento de desenfreno
estalla tras una frase esperanzadora.
Labré con dureza mis bases
en esta nueva mañana
porque me conozco a mí,
conozco los posibles antecedentes del mañana.
Porque planté muchas semillas
y por odio, y desdicha,
nunca miré atrás
ni percibí preocupación
por regar aquellos brotes,
ni por llorar su ausencia.

Lo conseguido tranquiliza por horas,
lo pendiente atemoriza una vida.
Los recuerdos inalcanzables ya
drenan mi habla,
declaran el estado de sequía en mi boca.
Mi saliva se torna venenosa
y cuando el objetivo no se regó de esfuerzo
de recompensa obtuve melancolía.
Alabanzas a mi edad no impresionan,
distraen,
pues ejemplares ilustres
mantienen la inmensidad de la sombra
donde habito en este jardín.
Mamá, te debo más alegrías,
debo cerciorarme de que marchas en calma,
orgullosa.
Pues cada vez que levanto un trofeo
viene manchado de posterior deshonra.
Hoy fui más hombre que ayer,
enfrentando las pesadillas del mañana,
donde suelo ser un espectador de la derrota.
Desplomado en tierra seca,
atrapado en el valle del reproche,
expectante del asesinato del aprovechamiento
a manos del irrefutable tiempo.
Domingo y sustancias que maquillan mi visión de él.
Domingo y quehaceres a los que no responderé.

DERROTA CON EL PRIMERO DE MARZO

Marginado,
abandonado en este fangoso descampado,
desamparado en la cola del paro
de los abrazos,
cubierto de rotos y descosidos lazos.

Seco y vasto pasto,
hundido en un charco observo el ocaso,
¡Qué bonito y disimulado manto!
Cama de diferentes astros,
junte de ilusiones y pecados.

Casi ahogado buscando el alejado faro,
pero al final no son otros a mi rescate
que mis eternos e inmortales hermanos.

LLUEVE EN EL BARRIO

Escupo calumnias, injurias y rabia.
Las lúgubres farolas mi paso delatan,
otra vez ando perdido por mi barrio.
Me importan una mierda los deberes y sus horarios,
me importa una mierda lo escrito hoy en mi diario.

Se encuentra encallada mi fragata,
soporto este clima de mentiras y palabrotas.
Paso por la veinticuatro de la calle Ibiza
y mi estómago se retuerce
recordando aquellos simples días de pistas y pelota.

EL HOMBRE SOLITARIO

Amigo de tristes callejones,
de caminatas con un único testigo,
la luna.
El hombre solitario no abre la puerta,
sin embargo,
mantiene múltiples debates consigo.

El hombre solitario es cercano,
aunque la soledad juegue con él
turnando entre invierno y verano.
Aun así, se ocupa del cultivo
y con cierto amargor recoge los frutos.
Su deseo es el simple aburrimiento de muchos.

El hombre se cansa
de no encontrar cobijo
bajo ningún escenario.
El hombre se marchita
de discutir consigo mismo
y luchar sin bandera que defender
a diario.

EL MISMO HOLGAZÁN

Tú,
buscador insaciable de vicios,
de torturas,
de noches largas
y su amargura.

Pensador de pensadores,
íntimo manipulador constante,
hijo de la pereza,
subordinado del crono,
dependiente del después.

Tú,
macilento holgazán.
Abundan las monedas en el pozo,
escasean tus ganas
resultando en migajas al pasar.

Pretensión de la más bella dama,
historia,
sin dotar tu alma
poco nutrida,
sin robar horas de sueño
en tu día.

Yo,
capaz de nacimiento
y zángano por oficio.
Procrastinación involuntaria
sujeta a íntimos juicios.

Horas desechadas,
a veces orgulloso de poco,
siempre anhelo de mucho.
Inquilino de realidades alejadas,
miro desde el tejado
buscando el fin del horizonte.

Farolas chirriando y sus gatos pardos,
descoordinadas pisadas en la medianoche.
Madre sabe que quiero todo
y que deseo desligarme del resto,
fe, paciencia, persistencia y esfuerzo.
Ella solo ofrece bondad,
aunque me encuentre de visita en mis delirios,
en las laderas de la desesperación
agotado por la sequedad de ideas.

DEMASIADOS QUEHACERES

Demasiados quehaceres,
demasiados debería,
otra noche escarcha
con escasez de alegría.

La fuente de mi alma
se marchita día a día.
Este pensamiento me abrasa,
arrebata mi vida.

Yo soy el más débil,
simple y vulgar,
experto en soñar y vaguear.
Incapaz de poder ayudar
a la única persona que me importa de verdad.

Maldita vida por simple que suene,
malditos los falsos y los malos genes.
Malditos aquellos que derraman lágrimas nobles,
gentiles.

INDESEADA FECHA DE MI PRIMERA MUERTE

Asomado en el charco,
aquel formado por inquietudes
que nadan entre pensamientos banales.
La luz cada vez se acorta más,
el futuro me susurra,
conoce mi estrecha paciencia,
es familiar de mis temores.

Por más que esta ansia quiera indagar
lo único claro a mi paso
es la mezquina oscuridad.
Las horas son limitadas
porque la fecha llegará
y tendré que despedir
al alma que me sustenta.
¡Qué será de mí en esa segunda vida!
Engordará el peso de mis recuerdos,
se teñirán las bolsas bajo mis ojos,
se esconderá esta sonrisa
al contemplar la nieve en tu rostro.

LA MURALLA DEL RECUERDO

Donde no alcanza ni la luz aún,
carretera de infinito recorrido
para llegar a la muralla del recuerdo.
Inmortales besos
y versos nunca escritos.
Jinete en multicromáticos senderos,
recolector de mieles y manjares,
testigo de pecados capitales,
devoto del instinto.

Amiga pereza, no busques mis colmillos,
conservo en mi cofre diferentes retratos,
diferentes escenarios,
la misma imagen desde niño.
No sólo por mi madre o por mi orgullo,
es por burlar a esta presión
en la que a veces me hundo.

VECINA PEREZA

Cansado de este paisaje monótono,
testigo de la muerte,
de este ambiente bucólico.
Derribado tras diecisiete versos
chilla en mí un niño agónico.

La llamada a procrastinar
y la lucha continua
contra la enemiga resistencia.
Qué sería de mí
si aceptara esfuerzo absoluto
sin un final que esperar.
¡Qué serían mis letras!
Si hubiera pactado con la disciplina
como mecenas de mi rutina.

Vecina pereza,
te encuentro cada día
y, entre risas y penas
vences fructíferas energías.

INCITADO A VISITAR LOS CALLEJONES DEL INFIERNO

Señora disciplina,
conozco varias de tus ramas
y escuché leyendas de tu vida.
Ven a visitarme temprano,
pues echo a correr en tu búsqueda
y quedo anclado.
Calcinado en el dique,
observando la tarea del agua,
las acciones componen la canción
y yo, pasmado y con semblante cansado
descifro la semilla de mi ineptitud.

JULIO DEL 24

Largo sendero hacia la razón,
duras cuestiones que atacan a mi yo,
indeseadas verdades con las que combatir.
Bajo el acogedor sol mediterráneo
discuto de nuevo con mi indecisión.
No encuentro mi lengua en Birzebbuja
y sigo empeñado en analizar casi toda situación.
Sin apostar mis cartas
y deseando no recibir negativa.
¡Ese no soy yo!
¿Ese soy yo?
Y la pregunta se tiñe de otro color,
¿Saldrá bien?,
¿Cómo conseguiré lo que quiero?

REINO DEL SUEÑO

Querida noche,
bríndame ese paseo de calma,
ábreme las puertas
del reino del sueño.

La ansiedad acampa a sus anchas
y mi cabeza de metal
es artífice de errores nerviosos.

Se secó el digno rosal
y opacó mi cotidiano saludo.

Cenizas y una vela roja en lugar de su rostro.

BUSCANDO LA SALIDA

Deseo esa bocanada de aire,
convertirme en el hombre,
no volver a los tiempos de antes.
Surcar aquellos mares,
volar del maldito parque,
poder seguir mi norte.

Hereje en este potaje de muchedumbre,
caníbal la imagen que aguarda en mi mente,
alejado del ruido intentando rozar el aire.
Cinco almas indomables dominan.

Rastro de río acarició la colina,
ciudad, estanque de chicles y colillas,
grafiti y algunos cercanos
vecinos enemistados,
abuelas, cuñados y sobrinas.
Olor que chirría,
fusión de una anciana esquina
y madurada orina.

CALVARIO DE DARÍO

Cuanto más hundido,
más dolido,
cuanto más espeso es el camino,
más relucen mis insípidas palabras.
Criadas en olvido,
postradas en Calvario,
atendidas por nadie,
recitadas por Darío.

Advertido por el escepticismo
de futuras puñaladas,
se torna triste esta serenata
conjurada en mi boca.

Arrebata el valor de la victoria
por propias injurias forjadas
y un alma tan pura
que se declara su propia enemiga.

LADRA EL CHIHUAHUA

Desiertos e iguanas,
chinches y pirañas.
Malhechores y canallas,
poca hazaña y mucha habla.

Luna azul y sus patrañas,
boda blanca indeseada.
Hechiceros y hadas,
el olvidado Valhalla.

Risa fragmentada,
berrinches y patadas,
penas contagiadas.
Verde, miel y porcelana.

LABERINTO HACIA LA RESPUESTA

Espantapájaros de blanquecina tez,
un laberinto sin fin
ni meta
agota mi vista
reduciendo a cada paso mi silueta.
Finaliza en reyerta esa búsqueda,
la confirmación de la razón,
si esta mi rima ruge firme y feroz.
Trazo lianas simulando el Amazonas,
pero triste mi libreta
anda escasa de materia
y es el sol de la burla
para esos tímidos y diplomados poetas.
No apto para el excelentísimo círculo,
demasiado vulgar el aspecto de mi establo.
Melodía obrera procedente de un liso barrio
como planta nacida en tierra maldita
que por mucho que crezca
no se desprenderá de sus raíces.

LA CIUDAD DE LA NIEBLA

Mañana de un miércoles
donde el sol sigue dormido.
Borrosa mi retina
e hinchados mis pómulos,
enfrento la rutina
deseando la llegada de versos que me embriaguen
inspirados por esta ciudad de niebla.

Tempestad de modelos y tendencias,
animales con máscaras y trajes.
Consumido por este sistema de silencio
aflora en mí lástima por aquellos rotos niños,
lástima por todo lo que desconoce el resto.

Pinceladas de desgracias
sobre el lienzo de mi reflejo.
Pájaros que dejaron de cantar
y perros que no dejan de ladrar
no frenarán estos objetivos impuestos.

SOCIEDAD DE MASAS

Recipientes escasos de sustancia,
simples fichas en un tablero.
Movidas por dioses, esperanza,
sueños.

El sabio permanece callado
y su ropa confeccionada con trapos.
El sabio calla y actúa sin actuar,
por eso es un marginado.
En el mundo saboreamos cierta paz,
la cual es producto de la ignorancia,
de no conocer lo que ocurre,
de mirar sucesos sin aportar palabra.

Desmesurada la ambición de algunos hombres,
que dañan sin contar con una espada.
Confinamientos y censura,
camino creado por el hombre
y otro camino indescriptible que perdura.
Posesión y poder mundano
o volver al inicio,
la naturaleza.

MALSONANTE

Sectarios proclaman exclusión
a aquellos de propio arte,
asesinos de estandartes.

Hijo con orgullo de pobreza,
criado en oscuras y frecuentadas tabernas.
Espectador de conjuros,
hechicería del lúpulo y la cebada.
Muertes tempranas,
enfermedades
y mudas condenas.

Deleite de un raso barrio
y vergüenza en reconocidas escuelas.
No se autoproclamen poetas,
sucios esclavistas,
ladrones de influencias,
opresores de letras.

Cólera, rabia, ganas, paciencia.
Frutos de esta ingesta.
La madre aguja no para,
su hija tampoco se detiene.
Desconozco mi siguiente parada,
viajes cancelados y largas caras
en cada destino,
seguramente volveré junto al fracaso.

Encallado en mi desordenado bote
amanecí en anteriores ocasiones.
No volverán a aprovecharse esas hienas
del descanso de los leones.

CANSADOS Y CABIZBAJOS

Cansados y cabizbajos
se esfuerzan mis pulmones.
El viento chilla sin cesar
intentando penetrar
en esta tenue atmósfera.

Águilas huyen del parvulario,
quedando buitres carroñeros
arrancando cada página
de este básico diccionario.

Criticado bajo un estereotipado gremio,
un habla cristalina como el agua
y ofensiva para todos aquellos.

Versos incapaces de atravesar arena,
versos que dibujan nada,
asteroide con disimulo
centrado en su propia estela.
Huérfano en esta corriente
inexistente
y a su vez cambiante.

LOS CAMINOS DEL PENSAMIENTO

La reflexión no entra en todas las casas,
inanimadas almas asienten sin duda
a la sentencia de la abstracta razón.

Yo,
poco satisfecho con cualquier respuesta,
busco en nuestros antepasados clásicos
que mi opinión se tiña de otro color.

Yo,
desconfiado, renegado y escéptico,
tengo al mundo y su pasado por libro
y la vida por maestro que no ausenta.

Yo,
testigo de lo que esconde la sombra de la luna
y escriba del sentimiento humano.
Mermado quizás por el pasado
voy descubriendo esta casual vía
sin intención de etiquetar todo a mi paso.

Vosotros,
con copioso miedo al rechazo
buscáis inconscientemente una falsa indulgencia.
La aceptación de una clase íntegra,
el estrecho abrazo de la ansiada verdad
y las marcadas respuestas.

Muchos aclaman mi rendición
y juran que mis cuestiones
no llegan a ningún puerto conocido.
Pero qué sería de este sentimiento ardiente
si nadie hubiera saltado nunca al vacío.

DE OTRA ESCUELA

Qué será de las prendas de las que presumes,
qué será de las pocas almas
cuyo olor es similar al mejor perfume.
Poca influencia la voz,
nadando sin rumbo
en este mar de incertidumbres.

Fantasmas brillando carecen de olfato,
con ojos vendados
no pueden ver más allá del cuarto.

Simbolizan los valores con mi banda de la mano,
gruesos lazos cosidos con actos de lealtad,
ojos que proyectan amor,
vecina ilusión en el camino
en el que los pensamientos no frenan su marcha.

UNA OLA SIN FIN

La sociedad es masa,
moldeable e insípida.
Brillante a la retina,
dormida en conciencia.
Todos toman los mismos caminos,
y todo lo recolectado,
finalmente es aburrido.
Llueven escasas ideas,
con trazas de capitalismo
se confeccionan las diferentes correas.

DECEPCIÓN DEL GREMIO

Con finito odio desenvaino mi espada
y oscurezco sus semblantes.
Rechazado en este gremio
y con ira como revitalizante
me juré a mí
y por mi madre
llenar de inertes trofeos materiales
este ambicioso estante.

Clase social de fino cristal,
no quieren que nadie se adentre en su guarida.
Da miedo ser real
y parece que no quieren enfrentarse a la vida.
Recita solo en un entorno familiar
aquel poeta escaso de saliva
y se hace de rogar
cuando de hadas y camaradas no escatima.

Acusado de no ser uno más
por esta rima simple e intuitiva,
acusado una vez más
por la libertad que yace entre mis sílabas.

DISTOPÍA CONTINUA

Sociedad reducida a dos clases,
equivoca libertad
perfeccionada por un sistema inquebrantable.
Todos creen enterarse
de cada susurro que cruza océanos,
que resultan en infusiones de rumores
con el oleaje.

Cada vez más gruesa mi burbuja
y cada vez menos fuerza en nuestras voces.
Las cuales parecen atendidas
dentro de un aislado estanque.
Un eje antinatural de doctrina
y unas costumbres impregnadas al nacer,
enterrados varios valores de la vida
con la incertidumbre de si los volveremos a ver.

CONSUMO Y FESTEJO

La ciudad alberga un sin fin de máscaras
y ella misma es testigo de que no descanso.
Miembro de la secta de las capuchas,
el frío en las calles anuncia un invierno largo.

Elixires y manjares por llegar,
familia a la que debería escribir
y motivos contados por los que celebrar.

Uno de mis personajes espera por salir,
pero pícaro yo me encuentro en mi jardín
lleno de jazmines y fruta tropical.

Agua y aire sobre delfines,
mi arte comenzó a deslizarse
llegando a los confines de otra realidad.

El tiempo pondrá castigo sobre cosas que olvide
y cuando al fin lleguen
habrá invitados que ya no estarán.

TORRE DEL MORO

Sin parar de pedalear el suave agua de la piscina
mantengo mi mirada en el grisáceo cielo,
las altas palmeras parece que cuentan con pelo,
con melenas agitadas regularmente por el viento.
El cántico sin censura de las cigarras ya se hizo cotidiano,
nada nuevo.
Algo de nostalgia compartiré en mis posteriores versos,
pues tendré que dejar atrás estos blanquecinos edificios
y todas esas sonrisas que encuentro en el puerto.
Bonitos y agónicos recuerdos,
en diferentes momentos pegajosos
como la humedad levantina adherida a mi cuerpo.

TIERRA DE OLIVOS ROJOS

Los tres tritones sostienen la fuente,
ciudad amarilla,
construida con arena
y abrazada por aguas verdes.
Cientos de faldas,
miles de mujeres,
noches no tan largas
y cierres a la orilla de una calmada mar.

Despierto entre violetas sábanas,
despierto con el mensaje de Thiara.
El agua burbujeante besa la mejilla de la playa
y se va.
Idiomas no reconocidos convergen
en callejones sin una identidad clara.

Penique de tierras secas
que se esconde en el Mediterráneo.
Callejones de incesante fábula
y besos que por siempre serán recordados.
Ladrillos dorados graban todos los recuerdos
y, al final de la madrugada,
sólo los subordinados aviones y su estruendo.

OTRA MIRADA EN EL FONDO DE MI RECUERDO

Las 07:07,
cierro los ojos y escapa un bostezo leve.
Junto al calmado mar
espero a que el sol llegue.
Innumerables mujeres bellas presencié esta noche
y solo una mirada relucía distinta al cobre.
¿La volveré a ver?
No creo,
ya he caído en este socavón más de una vez.
Los cuervos de la noche carroñeros por doquier,
alzan su bandera proclamando dicha sed.
Envases vacíos destinados un día a caer.
Escribiendo este reproche del mar a escasos pies,
mirando al denso piélago intentando recordar
aquellos ojos que no volveré a ver.

CAPÍTULO M

En Núñez de Arce vi la sinceridad de sus ojos,
aunque quería seguir engañándome.
Compartíamos espacio y tiempo
con una concepción de ello muy distante.
Tu convicción muy pedante
y yo pendiente de si podía besarte.
Se trataba de una realidad para cada uno diferente.
Tu voz rebosa y rebota en mi pesada cabeza
y mi alma en este domingo siente algo de tristeza.
¡Qué mal sabor de boca!,
que severa mi obligada sinceridad,
solo quería saber si se trataba de amar o jugar.
Esa impaciencia me arrojó la esperada respuesta,
luces de ciudad y la radio a reventar
me acompañan mientras aumento la velocidad en carretera.

VIERNES TRISTÓN

Multitud de mujeres con las que compartí ratos,
nadie se queda,
me da miedo quedarme.

Únicamente soy libre de ese miedo
en el primer instante,
cuando nuestros ojos conectan,
cuando creamos una visión del otro
y parece que no habrá de qué preocuparse.

Esto no es poesía,
es otra carta de reproches.

Es otra despedida
y afrontar la tristeza de la noche.

Ahora me siento asustado,
soy carroña para esas brujas
y sus hechizos.

No quiero enfermar de enamorado
y la distancia se aleja de ser un alivio.

Mente gruesa y tozuda,
eterno castigo.

SANTS

Una quincena para el final,
llamadas de gaviotas y un tranquilo mar.
Lleno de lamentos y errores que perduran,
observo miradas extranjeras
y ojos que se mueren por hablar.
Bonita cara de Georgia con la que no me volveré a cruzar,
bonitos momentos que solo se encuentran al recordar.
Repelo la tranquilidad producto de este odio,
sé que estoy molesto conmigo,
no merezco ni pensar en posibles podios.
Sé que en ocasiones ni me acepta el folio,
sé que otra vez dependeré del calendario.

26 PUNZADAS

Incómodo en esta infinita pasarela
de recuerdos adyacentes,
la escalera de cristal refleja
mi deseo más latente.
Buscador insaciable de ese instante,
que cada día está más cercano
a su muerte.
Soy presa del desastre
y algún hechizo arrebató mi suerte.

Ya no hay musa que excite mi arte.
Florece la lavanda
y se esfuma la oportunidad de besarte.
Miles de alabanzas a tu persona
que no llegarán a ninguna parte.
Cada domingo invoco esa lluvia de mayo,
ese infantil amor y los largos veranos.

LA NOCHE ME ACERCA TU NOMBRE

escrito de forma conjunta con Thiara Marcell

La noche me acerca tu nombre
y yo, de nuevo, presa de la incertidumbre.
Escondo mi reloj de arena,
la noche me acerca tu nombre
y yo, de nuevo, esculpo tus manos sin tachuelas.
Amanezco implorando volver a aquel sueño
y entre las oscuras manchas de la medianoche,
poder presenciar tu hedonista silueta.
Empiezo a creer en mis pájaros ciegos,
que vuelan a tu alrededor.
Tratan de dibujarme mares desconocidos que
llevan tus versos a la orilla.
Bajo tu cobijo yace la señorita inspiración,
la cual reside en tus rosadas mejillas
y me susurra pidiendo que atraviese el océano.
Imagino las aceras en las que caminas,
el viento nocturno que te hace escribir,
el nido lunar que te dibujó.
Todo indica que
la noche me acerca tu nombre y yo
despliego mis pensamientos
para guardarte en mi cuaderno.
Cansado de pedirte a la llena luna
y enfadado a ratos con mi imaginación.

¿ACASO SERÁ MUTUA ESTA QUIMERA?

Únicamente cuando me precipito
en el profundo sueño,
en búsqueda de aquel desbordante
deseo.
Cuando tu luminosa cara se puede apreciar
real,
a escasos centímetros.
Donde no existen las fronteras
ni esos dichosos besos prohibidos.
Donde ejecutamos lo que el corazón dicta
sin excusas y sin reproches.
Ahora me encuentro en esa eterna espera,
implorando la llegada de la dulce noche
y adquirir entonces
uno de sus dorados tickets
para buscarte de nuevo
en cada rincón de mi mente.
Hoy solo queda la incertidumbre
de si es mutuo
este impulso que castiga mi pecho,
este anhelo de hablar de un futuro inventado,
de buscarte en cualquier lugar
que no sea mi profundo sueño.

EL SOL SALE, NUESTRA
OPORTUNIDAD SE VA

Algo en mí te quiere buscar
y eso es mi culpa.
Con ese deseo no consigo lidiar
me vuelve a mirar y decir que es ahora o nunca.
Yo necesito frenar y descansar,
esto me preocupa.
Necesito drenar y curar
esta fea herida abierta.
El sol ya llegó y tú y yo
mirándonos a cámara lenta,
fugaz desapareció lo que creció
detrás de esta atascada puerta.

MALAS DECISIONES Y EQUÍVOCAS PRISIONES

Las lágrimas se apilan una a una
negadas a mostrarse.
Únicamente rescato su mirada
del recuerdo de anoche.
Nuestros ojos destinados a cruzarse
y misterio en nuestros nombres.
Escapo de equívocas prisiones
haciendo caso a la testarudez de mi mente.

Mi corazón asustado me abandonó a la suerte.
La sed de tu amor y el miedo a perderte,
atracciones silvestres y malas decisiones.
Seguramente no merezco amarte,
pero apuesto con mi altanera seguridad
que esa llama no la avivará ningún otro hombre.

DOMINGOS DE DERROTA

Llega el domingo y cada domingo igual,
repaso lo que no hice ayer y otra vez lo dejaré para mañana.
Estoy atrapado entre sábanas y recuerdos de caras bellas.
Conozco lo que quiero conseguir,
pero distraído vuelan los minutos
y dudo de si esto me llena.

De decepción con uno mismo
está manchado este domingo.
En el jardín no se encuentran amarillos lirios,
más bien recojo los pedazos rotos de vidrio.
¡Qué fastidio y que mal sabor de boca!
Otro sábado efímero y con fallas en la memoria.
Otro domingo de resaca emocional
y de actuaciones que no dan envidia.
Otro fin de semana que vence la derrota.
Mi debilidad me abruma,
en mi cabeza solo encuentro una salida
y me asusta,
con ella encontraré un breve alivio
y posteriormente observaré como mis ganas se derrumban.

La semana se resume en domingo.
Sentimientos encontrados del sábado,
incontables risas con amigos,
trasnochadas y espectáculos.
Escribo en mi cubículo,
sufro pérdida del ángulo.

No cesan los obstáculos,
por ello me camuflo y disimulo.

No sé cuándo vendrá la recompensa,
no sé si ciertos sacrificios compensan,
yo soy vago por naturaleza.
Escribo simple y me obligo con dureza,
mis amigos son la fuente de inspiración cotidiana.

Mis inquietudes se expanden al abrir la ventana,
demasiado pesada mi cabeza,
¡Qué amarga la cerveza!
Cálida su mirada entre la multitud,
fresco rayo de luz
sobre la maleza.

CONVENCIÓN DE MÁSCARAS

La sala se llenó de promesas
y al salir de ella
solo quedaban recuerdos.

AGRADECIMIENTOS

Mi agradecimiento se dirige una vez más hacia mi familia y mis mejores amigos, a los que de igual forma considero familia. Ellos no necesitan identificarme con una etiqueta, ni asociarme a ningún gremio para hablar sobre mi obra, conocen su origen. Ellos comprenden que no estoy jugando a ser poeta ni a ser rapero, estoy tratando de conseguir la libertad que llevo buscando tanto tiempo a través de mis rimas. Simplemente quiero mostrar lo que soy y cómo me siento, sin necesidad de ninguna aprobación ni de cargar con ningún estandarte sobre mis hombros.

Por todos aquellos sentimientos que he experimentado a lo largo de estos últimos 3 años. Gracias a la gente que se mantiene en mi camino, aunque pueda ser tedioso. Gracias también a la gente que ha pasado por él, independientemente del resultado. Por aquellas risas, lágrimas escondidas, besos que se dieron, besos que solo se imaginaron, retos que superamos, miedos que vencimos, amor que ofrecimos y el amor que nos dieron.

Nos volveremos a ver.

ÍNDICE